3 HISTOIRES OSÉES POUR GRANDS RUSÉS

Didier Jeunesse

chez le
Chasseur

SOMMAIRE

LA MARMITE PLEINE D'OR

Une histoire de Jean-Louis Le Craver, illustrée par Charles Dutertre

Dans un village de Russie vivaient deux frères.
L'aîné s'appelait Boris et l'autre Iakof.
Boris était un garçon débrouillard et plein d'esprit.
Quant à Iakof, il n'était pas méchant, mais il était bêta.
Ce sont des choses qui arrivent...
Boris travaillait au champ ; Iakof s'occupait de la maison.

Un jour, comme Boris était en train de labourer, bing ! voilà que sa charrue bute dans une marmite, enterrée là, au milieu du champ.
Boris écarte la terre, lève le couvercle de la marmite et voit qu'elle est remplie de pièces d'or...
Quelle chance ! Boris est fou de joie !
Mais tout de suite après lui vient un gros souci...
Alors il dit à son cheval :
– Attention ! Si le seigneur apprend que j'ai trouvé un trésor dans son champ, il faudra le lui donner.
Et Iakof qui est incapable de tenir sa langue...
Comment faire ?

Boris recouvre de terre la marmite pleine d'or,
marque l'endroit d'une grosse pierre et réfléchit un moment...
« *J'ai une idée, dit-il, pourvu qu'elle soit bonne !* »

Au retour, il passe près du ruisseau
et regarde dans le filet qu'il a tendu la veille.
Boris y trouve un poisson et l'emporte.

Un peu plus loin, comme il passe devant le collet
qu'il a posé l'avant-veille, il y trouve un lapin.
Boris retire le lapin et met le poisson à la place,
puis il revient au ruisseau et dépose le lapin
dans le filet à poissons.

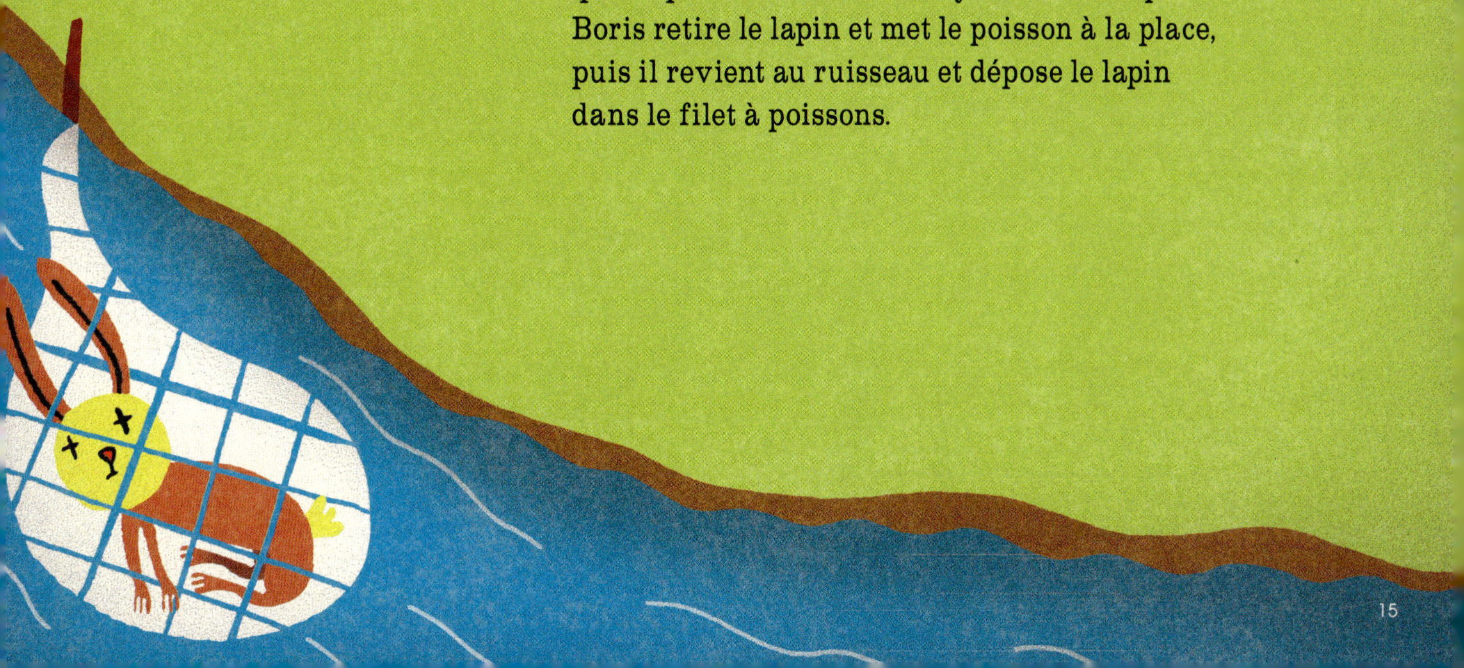

Arrivé à la maison, Boris dit à Iakof :
– Petit frère, j'ai grand faim, fais-nous des crêpes.
– Bonne idée ! dit Iakof, parce que moi,
je sais bien faire les crêpes.
*– Alors dépêche-toi, dit Boris, j'ai trouvé dans le champ
une marmite pleine d'or, et dès qu'il fera nuit,
nous irons la chercher.*

Iakof prépare la pâte, attrape la poêle, fait sauter
ses crêpes et les empile dans une grande assiette.

Pendant ce temps-là, Boris est à table, et pour une crêpe qu'il mange, il en met en cachette deux dans sa musette.

Quand elle est remplie, Boris dit à son frère :
– Vraiment, Iakof, il n'y en a pas deux comme toi pour faire des crêpes. Maintenant que j'ai le ventre plein, je vais aller au bois lier quelques fagots. Mange ta part et prends ton temps… Quand tu auras fini, viens me rejoindre.

Arrivé dans le bois,
Boris tire les crêpes de sa musette
et les accroche au bout des branches.

Un peu plus tard, Iakof vient le rejoindre,
et comme il voit les crêpes sur les arbres, il s'écrie :
– Regarde un peu, Boris ! Il y a des crêpes sur les arbres.
Eh bien ! Je n'avais jamais vu ça, moi.
Et Boris répond :
– Ben, c'est comme la pluie, ça n'arrive pas tous les jours...
Celles-ci sont tombées du nuage à crêpes qui vient de passer
au-dessus de nos têtes. Tu ne l'as donc pas vu ?

Iakof en est resté bouche bée.

– Maintenant, allons chercher la marmite, dit Boris, mais en passant, on va regarder s'il y a du gibier dans mon collet.
Arrivés au collet, ils y trouvent le poisson.
– Ça alors ! dit Iakof, c'est la première fois que je vois un poisson pris dans un collet. Comment a-t-il pu sauter du ruisseau jusqu'ici ?
– Mais enfin, dit Boris, ne vois-tu pas que celui-là est un poisson des bois ?

Iakof en est resté bouche bée.

Quand les deux frères passent près du ruisseau, Boris dit encore :
– Voyons dans mon filet s'il y a quelque chose...
Tous deux regardent dans le filet où ils trouvent le lapin. Iakof s'écrie :
– Ça alors ! Depuis quand attrape-t-on les lapins dans un filet ?
– Mais depuis toujours, dit Boris, ne vois-tu pas que celui-là est un lapin d'eau douce ?

Iakof en est resté bouche bée.

Quand les deux frères sont au milieu du champ,
Boris déterre la marmite pleine d'or et tous deux l'emportent.

Au retour, ils passent près du château et entendent les moutons bêler derrière la palissade : Bêe ! Bêe !...
– *Dis donc, Boris, qu'est-ce qu'on entend là ?*
Et Boris répond :
– *Ce sont les diables qui fouettent le seigneur.*
Rentrons vite avant qu'ils nous attrapent.

Une fois chez eux, tandis que Iakof reprend son souffle, Boris cache la marmite, puis il dit :

– Surtout, petit frère, pas un mot à qui que ce soit sur cette marmite, ou bien nous aurons des ennuis, de gros ennuis !

– Oui, oui, dit Iakof, je tiendrai ma langue, c'est promis !

Le lendemain, les deux frères se lèvent plus tard que d'habitude. Vers midi, Iakof se rend au puits.

Les voisins lui disent :
– Eh bien, tu en as du retard, aujourd'hui !
– Forcément ! Mon frère et moi avons passé la moitié de la nuit dehors.
– La moitié de la nuit ? Mais pourquoi ?
– Pour emporter la marmite pleine d'or que Boris a trouvée dans le champ, pardi ! Mais chut !... c'est un secret, ne le dites à personne...

En vérité, l'histoire de la marmite est bientôt répétée dans tout le village et parvient le jour même aux oreilles du seigneur. Aussitôt, il envoie chercher les deux frères et, rouge de colère, il leur dit :

– Je sais que vous avez trouvé dans mon champ un trésor... Où l'avez-vous mis ?

– Mais de quel trésor parlez-vous ? dit Boris.
– Oh ! toi, ne joue pas au plus malin avec moi, dit le seigneur. Je sais que tu as trouvé une marmite pleine d'or ; c'est ton propre frère qui l'a dit aux voisins.
– Votre Seigneurie, dit Boris, ne faites pas attention à ce qu'a pu dire mon frère : ce pauvre Iakof ne dit que des bêtises.
– Eh bien, c'est ce qu'on va voir !...

Et le seigneur se tourne vers Iakof.
– Voyons, ton frère a-t-il trouvé une marmite pleine d'or, oui ou non ?

– Bien sûr qu'il l'a trouvée,
mais ne le dites à personne.
– Ta franchise me plaît, mon garçon !
Et vous êtes allés la chercher cette nuit ?
– Oui, Votre Seigneurie, mais gardez ça
pour vous, c'est un secret.
– Raconte-moi comment vous avez fait.
Et tâche de ne rien oublier. Je veux tout savoir.
– Bon. D'abord on a traversé les bois
et on a vu des crêpes sur les arbres...
– Des crêpes sur les arbres ? Quelles crêpes ?...
– Ben, celles qui sont tombées du nuage à crêpes
quand il est passé au-dessus de nos têtes...

– Qu'est-ce que c'est que cette histoire ?
– C'est ce qu'on a fait cette nuit, Votre Seigneurie. Après ça, on a trouvé un poisson des bois dans le collet, un lapin d'eau douce dans le filet, et puis Boris a déterré la marmite...
– Les bras m'en tombent, dit le seigneur. Et après ?
– Ben après, on est rentrés chez nous, et quand on est passés près du château, on a entendu les diables qui vous fouettaient...
– Mais ce garçon est complètement fou !
– Oh non ! Votre Seigneurie, même qu'on vous a entendu crier comme un cochon qu'on égorge.
– Ça suffit ! Bâtonnez-moi cet idiot, son frère aussi, jetez-les dehors et que je n'entende plus parler d'eux !

Sur le chemin du retour, Iakof traînait la jambe
et gémissait parce qu'il avait mal partout.
Boris aussi avait mal partout, mais il était content quand même,
parce qu'il savait qu'avec le trésor, son frère et lui pourraient
vivre tranquilles et bien à l'aise jusqu'à la fin de leurs jours.

Et trotte, trotte, la souris...
Mon histoire, elle est

FINIE.

LES DENIERS DE COMPÈRE LAPIN

Une histoire de Michèle Simonsen, illustrée par Magali Le Huche

Il était une fois Compère Lapin, un lapin rusé et malin.

Ce matin, Compère Lapin se réveille avec une terrible faim.
Mais il n'a plus un sou.

Alors il va trouver le ver de terre et lui dit :

Pitié ! Par pitié !
Qui veut prêter un denier
À un pauvre malandrin
Qui meurt de faim ?

Le ver de terre, qui a bon cœur, lui prête un denier.
– Merci Ver de terre ! Je te le rendrai après la moisson, parole d'honneur !
dit Compère Lapin avec un sourire en coin.

Car un denier c'est bien, mais pas assez.

Alors il va trouver la poule :

Pitié ! Par pitié !
Qui veut prêter deux deniers
À un pauvre malandrin
Qui meurt de faim ?

Compère Lapin a l'air si malheureux que la poule lui prête deux deniers sans hésiter.

– Merci Poule ! Je te les rendrai après la moisson, parole d'honneur ! dit Compère Lapin avec un sourire en coin.

Aussitôt il court trouver le renard, son voisin :

Pitié ! Par pitié !
Qui veut prêter cinq deniers
À un pauvre malandrin
Qui meurt de faim ?

La voix de Compère Lapin est si déchirante que le renard se sent obligé de lui prêter cinq deniers.

– Tiens ! Mais n'y reviens pas !

– Merci Renard ! Je te les rendrai après la moisson, parole d'honneur ! dit Compère Lapin avec un sourire en coin.

« **Décidément, les affaires vont bien !** »
se dit-il en se dirigeant vers la maison du loup.

Pitié ! Par pitié !
Qui veut prêter dix deniers
À un pauvre malandrin
Qui meurt de faim ?

Compère Lapin se fait si petit, si piteux que le loup lui dit :
– Ça va pour cette fois… mais rends-les-moi vite, sinon ça ira mal pour toi !
– Merci Loup ! Je te les rendrai après la moisson, parole d'honneur !
dit Compère Lapin avec un sourire en coin.

« **Voilà qui marche de mieux en mieux !** »
se dit-il en se frottant les pattes.

Compère Lapin finit par trouver le chasseur en personne, et lui dit :

Pitié ! Par pitié !
Qui veut prêter cent deniers
À un pauvre malandrin
Qui meurt de faim ?

Compère Lapin se traîne à terre, il se tient le ventre… Le chasseur se fait un peu prier, mais Compère Lapin a l'air si mal en point qu'il finit par lui prêter les cent deniers.

– Merci Chasseur ! Je te les rendrai après la moisson, parole d'honneur ! dit Compère Lapin avec un sourire en coin.

« Tous ces deniers en une matinée,
comme j'ai bien travaillé !
Maintenant, je n'ai plus qu'à filer ! »

Et Compère Lapin part en sautillant
jusqu'à la ville.

Jamais, de mémoire de gredin, Compère Lapin ne s'était autant amusé.
Avec ses deniers, il a mené belle vie tout l'été.

Sous - Sou's

Quand vient le temps des moissons, Compère Lapin n'a plus un sou en poche. Il doit retourner au village.

C'est le ver de terre qui arrive le premier :

Compère Lapin, la moisson est terminée.
Rends-moi vite mon p'tit denier !

– Tout de suite ! dit Compère Lapin. Attends-moi dans la cuisine, le temps que j'aille chercher ton argent.

Le ver de terre entre dans la cuisine et attend.
Compère Lapin, lui, s'est installé devant chez lui.

Voilà qu'arrive la poule :

Compère Lapin, la moisson est terminée.
Rends-moi vite mes deux deniers !

– Poule, tu tombes bien ! Va dans la cuisine, il y a un ver de terre… Régale-toi ! Pendant ce temps, je vais chercher ton argent.

La poule entre dans la cuisine sans tarder, avale le ver de terre et attend.

Compère Lapin, lui, ne bouge pas.

chez
Lapin

Voilà qu'arrive le renard :

Compère Lapin, la moisson est terminée.
Rends-moi vite mes cinq deniers !

– Renard, tu tombes bien ! Va dans la cuisine, il y a une poule… Régale-toi ! Pendant ce temps, je vais chercher ton argent.

Le renard ne se le fait pas dire deux fois.
Il entre dans la cuisine, dévore la poule à belles dents, et attend.

Compère Lapin ne bouge toujours pas.

chez
Lapin

Voilà qu'arrive le loup :

Compère Lapin, la moisson est terminée.
Rends-moi vite *mes dix deniers !*

– Loup, tu tombes bien ! Va dans la cuisine,
il y a un renard… Régale-toi ! Pendant ce temps,
je vais chercher ton argent.

Le loup entre dans la cuisine,
égorge le renard d'un coup de dent, et attend.

chez
Lanin

Mais voilà qu'arrive le chasseur :

Compère Lapin, la moisson est terminée.
Rends-moi vite mes cent deniers !

– Chasseur, Chasseur, tu tombes très bien ! Il y a un loup dans la cuisine. Entre et tue-le ! Pendant ce temps, je vais chercher ton argent.

Le chasseur entre dans la cuisine, tue le loup d'un coup de fusil et attend Compère Lapin.

chez
Lanin

Et sans doute qu'il l'attend encore...

LE VENTRE DE L'ARBRE

Une histoire de Hassane Kassi Kouyaté, illustrée par Joëlle Jolivet

Il y a de cela très longtemps, très, très, très longtemps, mais très, très, très longtemps, c'était la sécheresse. Il n'y avait pas à manger. Papa Hyène et Papa Lièvre étaient amis.

Chez nous, la hyène est considérée comme l'animal le plus idiot, et le lièvre comme l'animal le plus intelligent. Ces deux papas devaient chercher à manger pour leur famille. Ils ont marché des jours, ils ont marché des nuits. Ils ont traversé des rivières, des déserts, ils ont escaladé des montagnes pour chercher à manger, mais n'ont rien trouvé. Ils ont décidé alors de prendre deux routes différentes pour multiplier leur chance par deux.

Papa Hyène est parti à gauche, *numan fè,* Papa Lièvre est parti à droite, *kinin fè.*
Papa Lièvre a marché des jours, encore des jours… Il faisait chaud, il faisait soixante-trois degrés à l'ombre. Si j'ai menti, c'est pas moi, c'est l'histoire.

Un jour, il voit un arbre au loin. Il va s'asseoir à l'ombre de l'arbre.
À peine il était assis à l'ombre de l'arbre qu'il dit ceci à l'arbre :
– *Mmm, Yiri i suma ka di,* Arbre, que ton ombre est agréable.
L'arbre, flatté dans son amour d'arbre, lui dit :
– Merci, Lièvre ! Tu as goûté à mon ombre, mais tu n'as pas goûté à mon fruit.

Le lièvre de lui dire :
– Si tu ne me donnes pas ton fruit,
je ne peux pas savoir s'il est bon ou pas !

L'arbre dit :
– Ah ouais, ouais, ah ça c'est vrai !
L'arbre s'est secoué un peu, a fait tomber un de ses fruits. Le lièvre a pris le fruit de l'arbre, a goûté le fruit de l'arbre et dit à l'arbre :
– Mmm ! *Yiri i dén ka di.* Mmm ! Arbre,
que ton fruit est bon !

L'arbre dit :
– Merci encore, Lièvre. Tu as goûté à mon fruit, mais... tu ne sais pas ce qui se trouve dans mon tronc, tu ne sais pas ce qui se trouve dans mon ventre.

Le lièvre de lui dire :
– Mais si tu ne m'ouvres pas ton ventre,
je ne peux pas savoir ce qu'il y a là-dedans.

L'arbre s'est ouvert. Le lièvre a vu dans l'arbre tout ce qu'on peut voir dans la caverne d'Ali Baba. Mais il a surtout entendu un bruit qui faisait...

Il a regardé : c'était des aveugles
qui mangeaient. Sur leur table, il y avait
toutes les bonnes nourritures que vous connaissez,
toutes celles que vous ne connaissez pas,
toutes celles que vous rencontrerez un jour,
toutes celles que vous ne verrez jamais.
En fait, toutes les bonnes nourritures
de la Terre étaient là, quoi.
Le lièvre s'est mis avec les aveugles,
à manger comme les aveugles.

Subitement, le chef des aveugles dit ceci :
– *A yé dumunin dabila ! Dunan b'an cèma !*
Arrêtez de manger !
Il y a un étranger parmi nous !
Ils se sont arrêtés tous, net. Le lièvre aussi
s'est arrêté net.
– *A yé tèmè ! Ni dumunin yé !* Continuons !
Je me suis trompé ! dit le chef des aveugles.

Ils ont repris le repas. Le lièvre aussi mangeait
comme les aveugles, encore.
– *A y'a dabila !* Arrêtez !
Ils se sont arrêtés tous.
Le lièvre aussi s'est arrêté.

C'est ainsi que le lièvre a rempli sa panse de bonne nourriture, a rempli sa besace de bonne nourriture pour sa famille. Et il a pris des boucles d'oreilles en or et en diamant pour sa femme.
Avant de sortir de l'arbre, il a dit merci à l'arbre.
L'arbre a dit :
– De rien. Moi, je suis gentil quand on n'abuse pas.

Papa Lièvre est sorti de l'arbre, et l'arbre s'est refermé. Papa Lièvre est parti à la maison, il a donné à manger à sa famille.

Après le repas, Madame Lièvre a fait une bonne sieste. Après la bonne sieste, elle a pris une bonne douche, après la bonne douche, elle a porté sa belle robe, après avoir porté sa belle robe, elle s'est maquillée, après sa robe grise, elle a porté ses talons, après ses talons, elle a porté ses boucles d'oreilles, tic ! à ses oreilles, et elle a décidé d'aller voir Madame Hyène, sa copine.

Elle arrive devant sa copine, toute belle.
Madame Hyène, jalouse, fait comme ça :
– Que tu es belle !
Et Madame Lièvre, c'est le genre de personne qui dit tout ce qu'elle sait, qui dit tout ce qu'elle sait pas, qui aime parler. Elle dit :
– Oh, merci ! Je te dis que je suis belle, tu sais, c'est mon mari ! Il est parti, il a vu un arbre, il a vu l'arbre et puis il a dit ceci à l'arbre, et puis l'arbre a dit « Oh non ! », et puis il a parlé du fruit, et après le fruit, l'arbre s'est ouvert, et puis...
Vraiment, c'est le genre de personne, si tu ne dis pas stop, elle continue à parler.

Madame Lièvre a tout raconté à Madame Hyène. Elle était très, très, très contente, parce qu'elle savait qu'elle avait mis du sable dans le couscous de Madame Hyène. En d'autres termes, qu'elle avait mis des troubles dans sa tête et dans son cœur. Et elle est partie.

Et Madame Hyène attendait son mari de patte ferme !
– On va voir !

Et bien sûr, pour que l'histoire puisse continuer, Papa Hyène arrive... bredouille. Il n'apporte rien à la maison.

Et Madame Hyène, fâchée, dit à son mari :
– Toi, vraiment, vraiment, tu es le genre d'homme à qui on dit tu ne vaux rien !
À chaque fois quand tu sors, tu reviens bredouille à la maison.
Regarde ! Depuis que nous sommes mariés, c'est la même robe que je porte !

Madame Hyène raconte ce que Madame Lièvre lui a dit.
Elle lui a parlé de l'arbre,
de l'ombre de l'arbre, du fruit de l'arbre,
du tronc de l'arbre, des aveugles qui mangeaient.

Papa Hyène décide alors le lendemain
d'aller trouver cet arbre.
Il va à droite, il faisait chaud aussi,
et il voit l'arbre au loin, et il crie à l'arbre :
– Eh, Arbre ! Que ton ombre est agréable !
L'arbre lui dit :
– Bah, tu ne t'es même pas approché
de moi, tu me parles de mon ombre.

Et Papa Hyène de lui dire :
– Eh, bon, Arbre ! Moi, je ne suis pas là
pour ton ombre, pour ton fruit.
Je suis là pour voir ce qui se trouve
dans ton tronc. Ou tu me le montres,
ou tu me le montres pas ! Voilà !

Papa Hyène n'était pas hypocrite pour un sou. L'arbre était séduit par la franchise de Papa Hyène. L'arbre s'est ouvert. Papa Hyène est rentré dans l'arbre, il a vu tout ce que Papa Lièvre avait vu, mais surtout il a entendu ce bruit...

Ah oui, c'était les aveugles qui étaient toujours là, qui mangeaient.
Et sur leur table, il y avait toutes les bonnes nourritures que vous connaissez, toutes celles que vous ne connaissez pas, toutes celles que vous allez rencontrer un jour, toutes celles que vous n'allez jamais rencontrer, toutes les bonnes nourritures de la Terre, elles étaient là.

Et Papa Hyène se met avec les aveugles.
Au lieu de manger comme les aveugles,
il s'est mis à manger comme ça :
– Mmm ! Que c'est bon ! Qu'est-ce que
je me régale ! Mmm ! Que c'est bon !
Qu'est-ce que je me régale, que c'est bon,
qu'est-ce que je me régale !
– A yé dumunin dabila ! Dunan b'an cèma !
Arrêtez de manger ! Il y a un étranger parmi nous !

Ils se sont arrêtés tous net.
Papa Hyène, lui, il continue :
– Arrêtez si vous voulez, moi, j'ai faim.
C'est tellement bon ! Mmm, qu'est-ce que
je me régale ! Mmm ! Qu'est-ce que c'est bon,
qu'est-ce que je me régale !

C'est ainsi que les aveugles ont su qu'il y avait un intrus parmi eux.
Ils ont pris leur bâton d'aveugle, ils ont commencé à bastonner Papa Hyène,
à bastonner Papa Hyène !

Papa Hyène, qui voulait sortir de l'arbre très vite, a sorti à peine la moitié de son corps,
et il dit à l'arbre :
– Referme-toi vite ! Referme-toi vite !

L'arbre a coincé son postérieur. Les aveugles sont arrivés,
ils ont commencé à bastonner le postérieur de Papa Hyène,
ils ont bastonné le postérieur de Papa Hyène.
Papa Hyène a pu se dégager, flac ! L'arbre s'est refermé, clac !

L'histoire dit que depuis ce jour les hyènes ont le postérieur bas.
Mais que c'est surtout depuis ce jour que les arbres sont restés définitivement
fermés aux hommes.

Mon grand-père qui m'a raconté cette histoire m'a dit :
– Hassan, le jour où tu as la chance de trouver devant toi quelqu'un qui s'ouvre pour toi,
ne sois pas hyène, sinon la personne se refermera à jamais.

Ny'a ta yoromin ny'a bla yén.

Je laisse cette histoire où je l'ai trouvée.

Ces trois histoires ont été publiées à l'origine en album :

La Marmite pleine d'or © Didier Jeunesse, Paris, 2011
Les deniers de Compère Lapin © Didier Jeunesse, Paris, 2009
Le Ventre de l'arbre © Didier Jeunesse, Paris, 2014

Graphisme : Catherine Ea pour la présente édition.
S.A.J.E. & Yannick Grannec pour les éditions précédentes.
Photogravure : RVB
ISBN : 978-2-278-09158-4
Dépôt légal : 9158/01
Loi n° 49-956 du 16 juillet 1949 sur les publications destinées à la jeunesse

Achevé d'imprimer en France en septembre 2018 chez Pollina (Luçon) - 85971.
Imprimeur labellisé Imprim'Vert, sur papier composé de fibres naturelles renouvelables, recyclables, fabriquées à partir de bois issus de forêts générées durablement.

Si vous aimez ces titres, vous allez adorer :

Sssi j'te mords, t'es mort !
Pierre Delye
Cécile Hudrisier

Les musiciens de la Nouvelle-Brême
Pierre Delye
Cécile Hudrisier

Hector l'homme extraordinairement fort
Magali Le Huche

La Piscine magique
Clothilde Delecroix

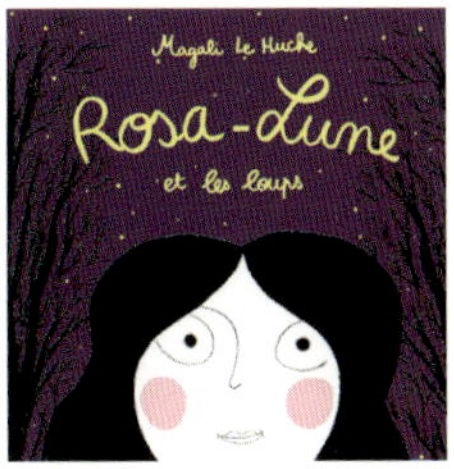

Rosa-Lune et les loups
Magali Le Huche

Le Ventre de l'arbre et autres contes d'Afrique de l'Ouest
Hassane Kassi Kouyaté

Loup gris et la mouche
Gilles Bizouerne
Ronan Badel

La souris philosophe
Michel Piquemal
Joanna Boillat

Découvrez l'ensemble de nos belles histoires
dans notre catalogue et sur notre site : www.didier-jeunesse.com